BRUNNEN
IN SÜDTIROL

Umschlagbild:
Stadtbrunnen in der Bozner Vintlerstraße

1990

Alle Rechte vorbehalten
© by Verlagsanstalt Athesia Ges.m.b.H., Bozen
Umschlaggestaltung und Layout: Oswald Kofler, Meran
Gesamtherstellung Athesiadruck, Bozen
ISBN 88-7014-594-8

OSWALD KOFLER

BRUNNEN IN SÜDTIROL

Einführende Worte und Textauswahl
von Gabriele Pidoll

VERLAGSANSTALT ATHESIA · BOZEN

Stimmen verborgener Kräfte, den Bergen entstammend und gesammelt im Gestein, reden aus unseren Brunnen. Sie singen das Lied unserer Erde. Wo immer wir Wasser finden – im Gemurmel der Quelle, schon geht uns der Sinn auf für seine lebendige, erhaltende Kraft, stillen wir den Durst, erfrischt uns seine reinigende Gewalt. Darum faßten die Menschen seit jeher seinen schenkenden Geist in die schöne Gestalt ihrer Brunnen. „Wasser ist das Beste" (Hydor béltiston) sagt ein Weiser Griechenlands. „Fließt es über sieben Stein, ist es wieder klar und rein", sagt unser Volk. Und schon die etruskischen Wasserführungen zeigen diese Technik (so z. B. in Marzabotto).
„Von Schale zu Schale, in kunstvoller Anordnung, geschmückt von steinernen Symbolen, von Säulen und Blumen spenden die Brunnen der Städte das Element, das strömt und ruht" (C. F. Meyer).
Und der hölzerne Trog vor dem Bauernhaus ist noch immer ein Kleinod unserer Berge.

Gabriele Pidoll

Wandbrunnen im Hof des Klosters Neustift

Ganz oben, wo das Tal mit noch geringer Tiefe anfängt, begann auch ein winziges Wasserfädlein neben dem Wanderer abwärts zu gehen. Es ging in dem Rinnsale neben dem Wege unhörbar und nur glitzernd vorwärts, bis es, durch die Menge des durch die Höhen sickernden Wassers gestärkt, vor ihm plaudernd und rauschend einherhüpfte, als wollte es ihm den Weg durch die Talmündung hinauszeigen…

                      Adalbert Stifter, aus „Der Waldgänger"

…Er führte sie zu einem Waldbrunnen, den er wußte. Zu dem Brunnen ging ein guter Pfad, weil die Hirten, die Holzarbeiter und andere Leute ihren Trunk da holten und glaubten, daß das Wasser heilig sei und besondere Gesundheitskräfte besitze. Es lag ein Stein wie ein Haus über anderen Steinen, und da, wo sie alle miteinander ein Dach bildeten, war in einer Vertiefung auf Unterlagen von Granitsteinen unter dem Schutz dieses Daches ein Wasser… Hohe Bäume und Brombeergesträuche… waren umher.

Adalbert Stifter, aus „Der Waldbrunnen"

Quellwasser in Dreikirchen

„JUNIMOND"

… Es rauscht
in der uralten Kehle
des Brunnens
die Stimme, jung
wie jeden Sommer:
die Stimme vom Berg.
Da reckt sich der Zaun
und sieht
im Trog seine Zackenkrone,
und sieht den Mond,
und Bäume voll Schlaf…

Gabriele Pidoll, aus „Junimond"

Trog und Brunnensäule in Pfelders (Passeier)

Brunnentrog auf der Barbianer Alm

Dämmernd im Kapellenraum
Gottes Mutter mit dem Kind.
In den Lärchen spielt der Wind,
Brunnen redet aus dem Traum,
rinnt und redet wie die Zeit,
bis die Flut, im Trog gestillt,
das vergänglich schöne Bild
spiegelt wie von Ewigkeit.

Josef Leitgeb

Hofbrunnen im Volkskundemuseum Dietenheim (Pustertal)

Auf der Tränke, grau und groß,
uralt aus Granitgestein
steht der Trog, die Quelle schoß
viele hundert Jahr hinein.
Was da im Gebirg geschieht,
stets der Brunnen tut es kund.
Tief des Waldes Atem zieht
hin durch seinen Silbermund.
In den Wassern spiegelt schön
sich des Jahres Sommertag.
Trübe schäumt er von den Höhn,
wettert Blitz und Hagelschlag.
Auf ihn lauscht das ganze Haus,
und sein Sang geht um und um.
Schlägt die Mur ein Rohr hinaus,
dann verblutend wird er stumm.

Joseph Georg Oberkofler, aus „Der Hofbrunnen"

Hofbrunnen in Pfalzen (Pustertal)

Durcheinander redeten die Brunnen,
und mir schien, sie zögen alle gleich her
aus dem Berge ihre wachen Stimmen…

Max Mell

Dorfbrunnen in Kortsch (Vinschgau) mit Brunnensäule
von Karl Grasser

Brunnenrohr mit aufgesetztem Zierat (Schnecke) aus Schmiedeeisen
in Kortsch (Vinschgau)

St. Michael mit Waage und Schwert
aller Welt-Verderbnis wehrt.

Dorfbrunnen in Burgeis, Detail, 18. Jahrhundert

Heilig ist das Brunnenlied.
Was da auf dem Hofe lebt,
was da keimt und wächst und blüht,
tief ist es hineingewebt.
Alt der Name in Granit
grüßt aus ferner Ewigkeit.
Atmend in der Quelle mit,
segnet er noch unsre Zeit.

Joseph Georg Oberkofler, aus „Der Hofbrunnen"

St. Michael auf dem Dorfbrunnen in Burgeis

Vom Wasserkult der Urzeit reden in unseren rätischen Gauen viele Spuren – baulicher wie brauchtumsmäßiger Art: Heiligtümer, die über Heilquellen errichtet wurden, sind die christlichen Nachfolger der heidnischen Kultorte wie etwa „Sammedárn" (St. Medardus) im Vinschgau, wie noch höher droben Trafoi zu den „Heilig Drei Brunnen" oder die berühmte Badeanlage von Moritzing, in deren Grund so viele Dankes- und Votivgaben ans Licht kamen. Aber auch in vielen Formen des Volksaberglaubens geistern die Vorstellungen vorzeitlicher Ahnen herum: etwa in der Meinung, die den Nonstalerinnen vorschreibt, beim Läuten der Glocken zu Ostern, zur Auferstehung Christi, schnell an den Brunnen zu laufen und sich die Augen zu waschen. In den benachbarten rätischen Tälern der Schweiz ist davon noch weit mehr erhalten; auch besitzt dieses Gebiet die Seltenheit eines vollkommen erhaltenen Liedes von der „Sontga Margriata", die auf der fluchtartigen Wanderung von ihrer Alpe Abschied nimmt von Feuer und Wasser, die die Quelle versiegen läßt aus Trauer.

Christian Caminada

Zierlicher Brunnentrog in Sterzing mit der Figur des auferstandenen Christus, aus dessen Seite das Wasser fließt.

Lebensquell an dem granitnen Rand,
unerschöpflich Herz im stillen Land...

Joseph Georg Oberkofler

Typischer Brunnen des Unterlandes (Neumarkt)

Steinerne Brunnen im Überetsch reden ihre eigene Sprache. Hier erscheint die Quelle des Lebens gebändigt in besonders kostbaren Behältern. Hier sind die Tröge und Becken fast durchaus steinern, besonders häufig aus dem schönen roten Porphyr von Montiggl, der sich gut in Platten spalten läßt. Wenn wir durch die Gemeinden Eppan und Kaltern wandern, treffen wir auf viele Brunnen, auf den Hauptplätzen sind es geradezu Prachtstücke in Ausmaß und Material. Sie sind aus schönem Muschelkalk erbaut; auf kleineren Plätzen und in Nebenstraßen begegnen sie uns in allen Abstufungen und Formen, vier- bis achteckig, oft mit kleineren Trögen neben ihnen, die wohl zum Wässern von Weidenruten gedient haben. Die Brunnensäulen sind aus verschiedenstem Material. Ein eisernes Gestell unter dem Rohr diente zum Abstellen der Wassereimer.

Seit jeher stehen diese Brunnen gleichmütig in unserem wechselvollen Leben; sie verströmen den Segen unserer Quellen an Freund und Feind. Ihr beruhigendes Plätschern ist eine unverwechselbare Melodie des heißen Sommerabends mitten im Zauber der Überetscher Landschaft.

Nach Peter Pallua

Zweifaches Brunnenbecken in Neumarkt

PINIENZAPFEN

Griechen und Römer verwendeten diese Form vielfach als Wasserspeier, und die frühen Christen schmückten ihre kirchlichen Brunnen gern mit diesem Zeichen.

Rudolf Pörtner

Klassisches Symbol auf einer Brunnensäule in Salurn

Oh, wie rauschte der Brunnen!
Da tat sich die Tür auf und es empfing mich der Hof,
des Lebens innige Wirklichkeit.

Josef Leitgeb

In harmonischem Einklang stehen hier Brunnen, Tor und
Fensterkörbe eines Edelsitzes in Kaltern.

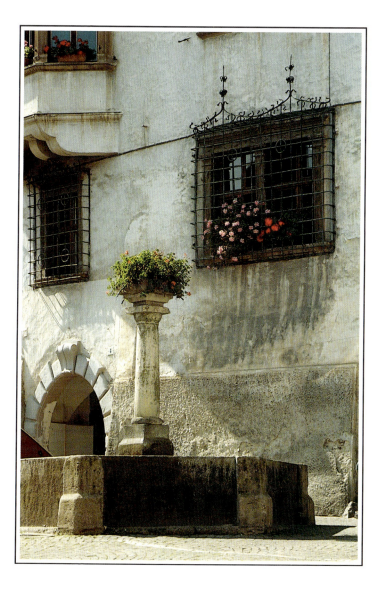

Efeu trinkt am verfallenen Brunnen
und klettert über verlassene Stiegen…

F. Ingeborg Romay

Ehemalige Brunnensäule aus Neumarkt, derzeit als
dekoratives Element ausgestellt

Nur noch im Brunnen
plätschert die Kühle,
wissend um dieses
rasche und süße
Sein und Vergehn.

Gabriele Pidoll aus „Sommertag"

Überragt vom Neumarkter Wappen fließt aus dem Kopf des
„Wilden Mannes" der Wasserstrahl in die Tröge.

Wappen von Neumarkt am Marktbrunnen, um 1710

Zweifacher Wasserspender mit Gestell für die Eimer in Neumarkt

WASSER

Am Herzen der Erde hast du geruht,
wachsende Flut,
bis du aufsprangst ins Licht
und rastest nicht.

Einer der Wasserspeier an einem Kalterer Brunnen

Die Linden und Kastanien hundertjährig
atmen und rauschen sacht im lauen Wind,
der Springquell blitzt und wendet sich willfährig
im Hauch der Lüfte, in den Wipfeln sind
die vielen Vögel fast verstummt zur Stunde…

Hermann Hesse

Licht und Schatten des Sommers auf einem Traminer Brunnen

Die grüne Tiefe und das Himmelslicht
begegnen sich in Brunnens Angesicht.

Die zwei Tröge des Dorfbrunnens in Oberplanitzing (Überetsch)

Ein Reichtum, verborgen im Felsenschacht,
gewachsen in unterirdischer Nacht,
erwartet heimlich das himmlische Licht,
den Tag, da der Quell aus dem Boden bricht.
Drunten, in sommerlich drückender Schwüle
sprüht er ins Becken die lautere Kühle
seiner Natur, und ermattet nicht.

Gabriele Pidoll

Typischer Dorfbrunnen in Sankt Pauls

Marienstatue am Kalterer Hauptbrunnen (1720)

Wer hat einst die alten Kastanien gepflanzt,
wer aus dem steinernen Brunnen getrunken,
wer im geschmückten Saale getanzt?
Sie sind dahin, vergessen, versunken.

Hermann Hesse, aus „Schloß Bremgarten"

Eindrucksvoller Brunnentrog in der Schwanburg (Nals)

MEERESGOTT

Wie ist dies Leben fremd und bunt gestreift,
wo grundlos plötzlich frische Brunnen quellen
aus tiefer See, ein weißes Segel schweift
in leichtem Wind auf unverbundnen Wellen.

Martin Benedikter, aus „Vita – non ratio"

Neptunbrunnen am Bozner Obstmarkt (Figur 1746 nach einem
Modell von Georg Mayr dem Jüngeren)

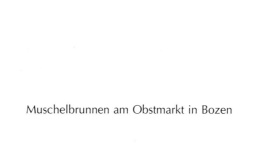

Muschelbrunnen am Obstmarkt in Bozen

Brunnen am ehemaligen Fischmarkt (um 1830),
in der Dr.-Streiter-Gasse in Bozen

Alle Brunnen rauschen kühl
vor sich hin verworrene Sagen...

Hermann Hesse

Stadtbrunnen in der Dr.-Streiter-Gasse in Bozen

Sommerlich verträumter Springbrunnen in einem Park in Bozen

Das Fallen der Wasser
von Stufe zu Stufe,
ein ewiges Rauschen,
beleben
Einsamkeit und Stille.

Elmar Oberkofler

Brunnen im Stiftsgarten von Neustift

Ausschnitt aus dem „Wunderbrunnen" im Kloster Neustift;
Ziehbrunnen mit Trog (1508)

Am Bischofspalais ist das Kapellenportal von der lieblichen Figur der fürbittenden Madonna überragt. Der Brunnen im Hof erweckt den Gedanken an die Taufe.

Brixen, Hofburgbrunnen

Stadtbrunnen in Brunecks Hauptstraße

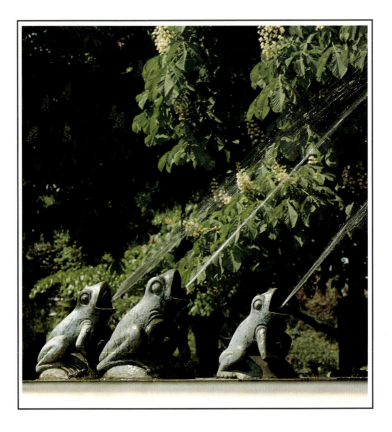

Ausschnitt aus dem Froschbrunnen, von Ignaz Gabloner,
am Bozner Bahnhofplatz

Typisches Brünnlein der Kuranlagen von Meran

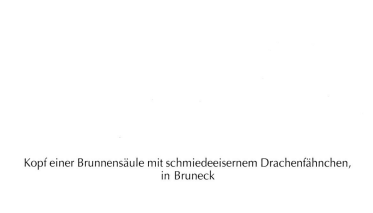

Kopf einer Brunnensäule mit schmiedeeisernem Drachenfähnchen, in Bruneck

Morscher Trog und verlassene Wirtshausbänke in Pemmern am Ritten

»DAS BESONDERE TASCHENBUCH«

Band 101
Oswald Kofler: Wegkreuze

Band 102
Hans von Hoffensthal: Abschied von Oberbozen

Band 103
Oswald Kofler: Fassadenschmuck in Südtirol

Band 104
Oswald Kofler: Alte Bozner Kochrezepte

Band 105
Oswald Kofler: Brunnen in Südtirol